8 yth 24429

Paris
1877

Goethe, Johann Wolfgang von

La Damnation de Faust

Légende dramatique

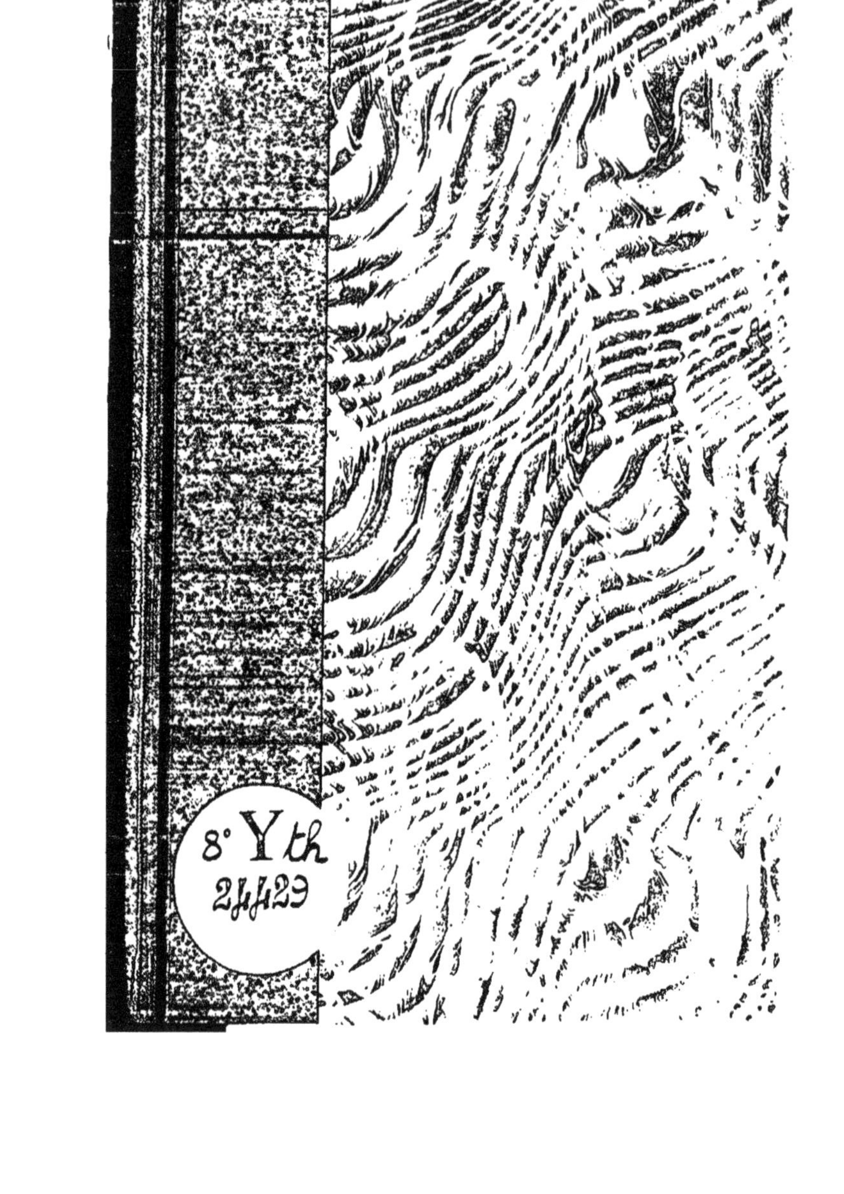

8° Yth
24429

À FRANZ LISZT

LA

DAMNATION DE FAUST

LÉGENDE DRAMATIQUE

En Quatre Parties

Musique de Hector BERLIOZ

Quelques morceaux du livret sont empruntés à la
traduction française du FAUST DE GOËTHE par GÉRARD DE NERVAL;
une partie des scènes I, IV, VI, VII est de M. GANDONNIÈRE,
tout le reste des paroles est de HECTOR BERLIOZ.

Prix net : 9 fr.

FAUST :

Partition, chant et piano	Prix net	20 fr.
La même en grande partition d'orchestre	—	60
— réduite pour piano seul, par E. Redon	—	12
— à 4 mains —	—	18

CHEZ

SIMON RICHAULT

ÉDITEUR DE MUSIQUE

4, boulevard des Italiens, au premier.

Chez SIMON RICHAULT, Éditeur.

La Damnation de Faust, partition in-8°, chant et
  piano . . . . net   20   »
La même, réduite pour piano seul par E. Redon —   12   »
—   —   — à 4 mains   —   —   18   »

TRANSCRIPTIONS POUR PIANO
d'après les plus jolis morceaux de
LA DAMNATION DE FAUST
de Berlioz

Liszt . . . . Danse des Sylphes, valse de *la
  Damnation de Faust*   6   »
Ed. Wolf . . . . . Marche Hongroise arrangée pour
  piano seul 7 50
J. Benedict . . . . La même, arrangée pour piano
  à quatre mains 7 50
C. Saint-Saëns. Hymne de la *Fête de Pâques*, pour
  piano seul   6   »
Th. Ritter . . . . Le Songe, chœur et ballet des
  Sylphes, pour piano seul   9
— Célèbre trio des jeunes Ismaëlites
  de *l'Enfance du Christ*, transcrit
  pour piano 7 50
E. Redon . . . Chanson gothique : ballade du *Roi
  de Thule*, pour piano seul   3   »
— La même, pour piano à quatre mains   5   »
— Sérénade de Méphistophélès pour
  piano seul   5   »
— La même, pour piano à quatre mains   7 50

ORCHESTRE

Menuet des Follets, partition et parties séparées.
Danse des Sylphes.   —   —
Marche Hongroise   —   —
La Damnation de Faust, grande partition
  d'orchestre . . . . net   60   »
La même, parties séparées. . . . . —   60   »

En vente chez le même Éditeur :

George de Massougnes, Étude sur Berlioz et son
  œuvre (2ᵉ édition). Prix net: 1 fr. 50.

N. B. — Voir à la dernière page les autres œuvres de Berlioz
chez le même éditeur

LA

DAMNATION DE FAUST

LÉGENDE DRAMATIQUE

A FRANZ LISZT

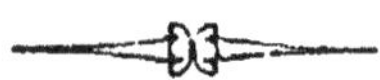

LA

DAMNATION DE FAUST

LÉGENDE DRAMATIQUE

En Quatre Parties

Musique de Hector BERLIOZ

Quelques morceaux du livret sont empruntés à la traduction française de Faust de Gœthe par Gérard de Nerval, une partie des scènes I, IV, VI, VII est de M. Gandonnière, tout le reste des paroles est de Hector Berlioz.

Prix net : 9 fr.

FAUST :

Partition, chant et piano .... Prix net 20 fr
La même en grande partition d'orchestre....... ..   60
       réduite pour piano seul, par E. Redon..   12
       .. à 4 mains   —   18

CHEZ

SIMON RICHAULT

ÉDITEUR DE MUSIQUE

4, boulevard des Italiens, au premier.

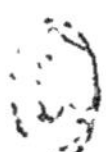

AVANT-PROPOS

—

Le titre seul de cet ouvrage indique qu'il n'est pas basé sur l'idée principale du *Faust* de Goëthe, puisque, dans l'illustre poëme, Faust *est sauvé*. L'auteur de *la Damnation de Faust* a seulement emprunté à Goëthe un certain nombre de scènes qui pouvaient entrer dans le plan qu'il s'était tracé, scènes dont la séduction sur son esprit était irrésistible. Mais fût-il resté fidèle à la pensée de Goëthe, il n'en eût pas moins encouru le reproche, que plusieurs personnes lui ont déjà adressé (quelques-unes avec amertume), d'avoir *mutilé un monument.*

1.

En effet, on sait qu'il est absolument impraticable de mettre en musique un poëme de quelque étendue, qui ne fut pas écrit pour être chanté, sans lui faire subir une foule de modifications. Et de tous les poëmes dramatiques existants, *Faust*, sans aucun doute, est le plus impossible à chanter intégralement d'un bout à l'autre. Or si, tout en conservant la donnée du *Faust* de Goëthe, il faut, pour en faire le sujet d'une composition musicale, modifier le chef-d'œuvre de cent façons diverses, le crin.e de lèse-majesté du génie est tout aussi évident dans ce cas que dans l'autre et mérite une égale réprobation.

Il s'ensuit alors qu'il devrait être interdit aux musiciens de choisir pour thèmes de leurs compositions des poëmes illustres. Nous serions ainsi privés de l'opéra de *Don Juan*, de Mozart, pour le livret duquel Da Ponte a modifié le *Don Juan* de Molière; nous ne posséderions pas non plus son *Mariage de Figaro*, pour lequel le texte de la comédie de Beaumarchais n'a certes pas été respecté; ni celui du *Barbier de Séville*, de Rossini, par la même raison; ni l'*Alceste* de Gluck, qui n'est qu'une paraphrase informe de la tragédie d'Euripide; ni son *Iphigénie en Aulide*, pour laquelle on a inutilement (et ceci est vraiment coupable) gâté des vers de Racine, qui pouvaient parfaitement entrer avec leur pure beauté dans les récitatifs ; on n'eût écrit aucun des nombreux opéras qui existent sur des drames de Shakespeare ; enfin, M. Spohr serait peut-être condamnable d'avoir produit une œuvre qui porte aussi le nom de *Faust*, où l'on trouve les personnages de *Faust*, de *Méphistophélès*, de *Marguerite*, une scène de sorcières, et qui pourtant ne ressemble point an poëme de Goëthe.

Maintenant, aux observations de détail qui ont été faites sur le livret de *la Damnation de Faust*, il sera également facile de répondre.

Pourquoi l'auteur, dit-on, a-t-il fait aller son personnage en Hongrie ?

Parce qu'il avait envie de faire entendre un morceau de musique instrumentale dont le thème est hongrois. Il l'avoue sincèrement. Il l'eût mené partout ailleurs, s'il eût trouvé la moindre raison musicale de le faire. Goëthe, lui-même, dans le second *Faust*, n'a-t-il pas conduit son héros à Sparte, dans le palais de Ménélas ?

La légende du docteur Faust peut être traitée de toutes manières : elle est du domaine public; elle avait été dramatisée avant Goëthe; elle circulait depuis longtemps sous diverses formes dans le monde littéraire du nord de l'Europe, quand il s'en empara; le *Faust* de Marlow jouissait même, en Angleterre, d'une sorte de célébrité, d'une gloire réelle, que Goëthe a fait pâlir et disparaître.

Quant à ceux des vers allemands, chantés dans *la Damnation de Faust*, qui sont des vers de Goëthe altérés, ils doivent évidemment choquer les oreilles allemandes, comme les vers de Racine, altérés sans raison dans l'*Iphigénie* de Gluck, choquent les oreilles françaises. Seulement, on ne doit pas oublier que la partition de cet ouvrage fut écrite sur un texte français, qui, dans certaines parties, est lui-même une traduction de l'allemand, et que, pour satisfaire ensuite au désir du compositeur de soumettre son œuvre au jugement du public le plus musical de l'Europe, il a fallu écrire en allemand *une traduction de la traduction*.

Peut-être ces observations paraîtront-elles puériles à d'excellents esprits qui voient tout de suite le fond des choses et n'aiment pas qu'on s'évertue à leur prouver qu'on est incapable de vouloir mettre à sec la mer Caspienne ou faire sauter le mont Blanc. M. H. Berlioz n'a pas cru pouvoir s'en dispenser, néanmoins, tant il lui est pénible de se voir accuser d'infidélité à la religion de toute sa vie, et de manquer, même indirectement, de respect au génie.

PERSONNAGES.

MARGUERITE . . . . Mezzo-Soprano.

FAUST. . . . . Ténor.

MÉPHISTOPHÉLÈS . . . . Baryton ou Basse.
    (Ce rôle est écrit avec les Variantes pour les deux voix.)

BRANDER. . . . . Basse.

LA

DAMNATION DE FAUST

LÉGENDE DRAMATIQUE

PREMIÈRE PARTIE

SCÈNE PREMIÈRE.

FAUST, seul, dans les champs, au lever du soleil
(Plaine de Hongrie.)

Le vieil hiver a fait place au printemps ;
  La nature s'est rajeunie ;
  Des cieux la coupole infinie
Laisse pleuvoir mille feux éclatants.
Je sens glisser dans l'air la brise matinale ;
De ma poitrine ardente un souffle pur s'exhale.
J'entends autour de moi le réveil des oiseaux,
Le long bruissement des plantes et des eaux....

2

Oh! qu'il est doux de vivre au fond des solitudes,
Loin de la lutte humaine et loin des multitudes!...

Des fragments de la *Ronde des paysans* et de la fanfare de la *Marche hongroise* se distinguent au travers de la trame instrumentale. Lointaines rumeurs agrestes et guerrières, qui commencent à troubler le calme de la scène pastorale.

SCÈNE II.

Danse de paysans

RONDE EN CHŒUR

« Les bergers quittent leurs troupeaux ;
» Pour la fête ils se rendent beaux :
» Rubans et fleurs sont leur parure :
« Sous les tilleuls, les voilà tous
« Dansant, sautant comme des fous.
   » Ha ! ha ! ha ! ha !
   « Landerira !
  « Suivez donc la mesure ! »

FAUST.

Quels sont ces cris, ces chants ? Quel est ce bruit
                  lointain !...

. . . .

. . . .

Ce sont ces villageois, au lever du matin,
Qui dansent en chantant sur la verte pelouse.
  De leurs plaisirs ma misère est jalouse.

DEUXIÈME COUPLET DE LA RONDE.

« Ils passaient tous comme l'éclair.
» Et les robes volaient en l'air ;
» Mais bientôt on fut moins agile :
« Le rouge leur montait au front.

» Et l'un sur l'autre dans le rond.
    » Ha ! ha ! ha ! ha !
    » Landerira !
  » Tous tombaient à la file. »

TROISIÈME COUPLET.

» Ne me touchez donc pas ainsi !
» — Paix ! ma femme n'est point ici !
» Profitons de la circonstance ! »
» Dehors il l'emmena soudain.
» Et tout pourtant alla son train.
    » Ha ! ha ! ha ! ha !
    » Landerida !
  » La musique et la danse. »

SCÈNE III.

(Une autre partie de la plaine. — Une armee qui s'avance.)

FAUST.

Mais d'un éclat guerrier ces campagnes se parent.
Ah ! les fils du Danube aux combats se préparent !
    Avec quel air fier et joyeux
Ils portent leur armure ! et quel feu dans leurs
                                [yeux !
    Tout cœur frémit à leur chant de victoire ;
Le mien seul reste froid, insensible à la gloire.

(Marche hongroise (1). Les troupes passent. Faust s'éloigne.)

(1) Le thème de cette marche, que M. Berlioz a instrumenté et développé, est célèbre en Hongrie sous le nom de Rakoczy ; il est très-ancien, d'un auteur inconnu ; c'est le chant de guerre des Hongrois.

DEUXIÈME PARTIE

SCÈNE IV.

FAUST, seul, dans son cabinet de travail.

Sans regrets j'ai quitté les riantes campagnes
    Où m'a suivi l'ennui ;
Sans plaisirs je revois nos altières montagnes ;
Dans ma vieille cité je reviens avec lui.
Oh ! je souffre ! je souffre ! et la nuit sans étoiles,
Qui vient d'étendre au loin son silence et ses voiles,
    Ajoute encore à mes sombres douleurs.
O terre ! pour moi seul tu n'as donc pas de fleurs !
Par le monde, où trouver ce qui manque à ma
                   {vie?
Je chercherais en vain, tout fuit mon âpre envie !
Allons, il faut finir !... Mais je tremble... Pourquoi
Trembler devant l'abîme entr'ouvert devant moi?..
O coupe trop longtemps à mes désirs ravie,
Viens, viens, noble cristal, verse-moi le poison
    Qui doit illuminer
    Ou tuer ma raison.

(Il porte la coupe à sa bouche. Son des cloches. Chants religieux
dans l'église voisine.)

HYMNE DE LA FÊTE DE PAQUES.

CHŒUR.

« Christ vient de ressusciter !...
» Quittant du tombeau
» Le séjour funeste,
» Au parvis céleste
» Il monte plus beau.
» Vers les gloires immortelles
» Tandis qu'il s'élance à grands pas.
» Ses disciples fidèles
» Languissent ici-bas.
» Hélas ! c'est ici qu'il nous laisse
» Sous les traits brûlants du malheur.
» O divin maître ! ton bonheur
» Est cause de notre tristesse.
» Mais croyons-en sa parole éternelle.
» Nous le suivrons un jour
» Au céleste séjour
» Où sa voix nous appelle.
» Hosanna !
» Hosanna ! »

FAUST.

Qu'entends-je ?... O souvenirs !... O mon âme trem-
[blante !
Sur l'aile de ces chants vas-tu voler aux cieux ?...
La foi chancelante
Revient, me ramenant la paix des jours pieux,

Mon heureuse enfance,
La douceur de prier,
La pure jouissance
D'errer et de rêver
Par les vertes prairies,
Aux clartés infinies
D'un soleil de printemps!...
O baiser de l'amour céleste
Qui remplissais mon cœur de doux pressentiments
Et chassais tout désir funeste!...

FAUST.

Récitatif.

Hélas! doux chants du ciel, pourquoi dans sa
                                    [poussière
Réveiller le maudit? Hymnes de la prière,
Pourquoi soudain venir ébranler mon dessein?
Vos suaves accords rafraîchissent mon sein.
        Chants plus doux que l'aurore,
        Retentissez encore:
Mes larmes ont coulé, le ciel m'a reconquis.

SCÈNE V.

FAUST et MÉPHISTOPHÉLÈS.

MÉPHISTOPHÉLÈS, apparaissant brusquement

O pure émotion ! Enfant du saint parvis !
Je t'admire, docteur ! les pieuses volées
    De ces cloches d'argent
    Ont charmé grandement
    Tes oreilles troublées !

FAUST.

Qui donc es-tu, toi dont l'ardent regard
Pénètre ainsi que l'éclat d'un poignard,
    Et qui, comme la flamme,
    Brûle et dévore l'âme ?

MÉPHISTOPHÉLÈS.

Vraiment, pour un docteur, la demande est frivole !
Je suis l'esprit de vie, et c'est moi qui console.
Je te donnerai tout, le bonheur, le plaisir,
Tout ce que peut rêver le plus ardent désir.

FAUST.

Eh bien, pauvre démon, fais-moi voir tes mer-
                        (veilles.

MÉPHISTOPHÉLÈS.

Certes ! j'enchanterai tes yeux et tes oreilles.
Au lieu de t'enfermer, triste comme le ver

Qui ronge tes bouquins, viens, suis-moi, change
[d'air.

FAUST.

J'y consens.

MÉPHISTOPHÉLÈS.

Partons donc pour connaître la vie,
Et laisse le fatras de ta philosophie.

(Ils disparaissent dans les airs.)

ORCHESTRE
SEUL

SCÈNE VI.

(La cave d'Auerbach à Leipzig.)

FAUST, MÉPHISTOPHÉLÈS, BRANDER,
ÉTUDIANTS, BOURGEOIS ET SOLDATS.

CHŒUR DE BUVEURS.

A boire encor! Du vin
Du Rhin!

MÉPHISTOPHÉLÈS.

Voici, Faust, un séjour de folle compagnie ;
Ici vins et chansons réjouissent la vie.

CHŒUR.

Oh ! qu'il fait bon quand le ciel tonne
Rester près d'un bol enflammé,
Et se remplir comme une tonne
Dans un cabaret enfumé !
J'aime le vin et cette eau blonde
Qui fait oublier le chagrin.
Quand ma mère me mit au monde,
J'eus un ivrogne pour parrain.
Oh ! qu'il fait bon, etc., etc.

QUELQUES BUVEURS.

Qui sait quelque plaisante histoire ?
En riant, le vin est meilleur.
A toi, Brander !

AUTRES BEVEURS.

Il n'a plus de mémoire !

BRANDER, ivre.

J'en sais une. et j'en suis l'auteur.

TOUS.

Eh bien donc, vite !

BRANDER.

Puisqu'on m'invite,
Je vais vous chanter du nouveau.

TOUS.

Bravo! bravo!

CHANSON DE BRANDER.

PREMIER COUPLET.

« Certain rat, dans une cuisine,
» Etabli comme un vrai frater,
» S'y traitait si bien. que sa mine
» Eût fait envie au gros Luther.
» Mais un beau jour le pauvre diable,
» Empoisonné, sauta dehors.
» Aussi triste. aussi misérable
» Que s'il eût eu l'amour au corps.

CHŒUR.

» Que s'il eût eu l'amour au corps.

DEUXIÈME COUPLET.

« Il courait devant et derrière.
« Il grattait, reniflait, mordait,
Parcourait la maison entière ;
« La rage à ses maux ajoutait.
« Au point qu'à l'aspect du délire
« Qui consumait ses vains efforts,
« Les mauvais plaisants pouvaient dire
« Il a, ma foi, l'amour au corps.

CHŒUR.

« Il a, ma foi, l'amour au corps.

TROISIÈME COUPLET.

« Dans le fourneau le pauvre sire
« Crut pourtant se cacher très-bien ;
« Mais il se trompait, et le pire
« C'est qu'on l'y fit rôtir enfin.
« La servante, méchante fille,
« De son malheur rit bien alors.
« Ah ! disait-elle, comme il grille !
« Il a vraiment l'amour au corps.

CHŒUR.

« Il a vraiment l'amour au corps.
« *Requiescat in pace.* Amen. »

BRANDER.

Pour l'amen une fugue, une fugue, un choral !
Improvisons un morceau magistral.

MÉPHISTOPHÉLÈS, bas à Faust.

Écoute bien ceci! nous allons voir, docteur,
La bestialité dans toute sa candeur.

CHŒUR.

(Fugue sur le thème de la chanson de Brander.)

Amen. A.....men. A.....men. Amen.

MÉPHISTOPHÉLÈS, s'avançant.

Vrai Dieu, messieurs, votre fugue est fort belle
Et telle,
Qu'à l'entendre on se croit aux saints lieux!
Souffrez qu'on vous le dise :
Le style en est savant, vraiment religieux;
On ne saurait exprimer mieux
Les sentiments pieux
Qu'en terminant ses prières l'Église
En un seul mot résume. Maintenant,
Puis-je à mon tour riposter par un chant
Sur un sujet non moins touchant.
Que le vôtre?

CHŒUR.

Ah çà! mais se moque-t-il de nous?
Quel est cet homme?
Oh! qu'il est pâle, et comme
Son poil est roux!
N'importe! Volontiers. Autre chanson. A vous.

CHANSON DE MÉPHISTOPHÉLÈS.

PREMIER COUPLET.

« Une puce gentille
» Chez un prince logeait :
» Comme sa propre fille
» Le brave homme l'aimait :
» Et, l'histoire l'assure,
» Par son tailleur, un jour,
» Lui fit prendre mesure
» Pour un habit de cour.

DEUXIÈME COUPLET.

» L'insecte, plein de joie.
» Dès qu'il se vit paré
» D'or, de velours, de soie,
» Et de croix décoré,
» Fit venir de province
» Ses frères et ses sœurs.
» Qui, par ordre du prince,
» Devinrent grands seigneurs.

TROISIÈME COUPLET.

» Mais ce qui fut bien pire,
» C'est que les gens de cour,
» Sans oser rien dire,
» Se grattaient tout le jour.
» Cruelle politique !
» Ah ! plaignons leur destin,

» Et dès qu'une nous pique
» Écrasons-la soudain.

CHŒUR.

» Ah ! ah ! bravo !
» Bravissimo !
» Écrasons-la soudain. »

FAUST.

Assez ! fuyons ces lieux où la parole est vile,
La joie ignoble et le geste brutal.
N'as-tu d'autres plaisirs, un séjour plus tranquille
A me donner, toi, mon guide infernal ?

MÉPHISTOPHÉLÈS.

Ah ! ceci te déplaît ! suis-moi.

(Ils partent à travers les airs sur le manteau de Faust.)

3

SCÈNE VII.

(Bosquets et prairies des bords de l'Elbe.)

FAUST, MÉPHISTOPHÉLÉS

CHŒUR DE GNOMES ET DE SYLPHES.

MÉPHISTOPHÉLÉS.

Voici des roses
De cette nuit écloses.
Sur ce lit embaumé,
O mon Faust bien-aimé,
Repose !
Dans un voluptueux sommeil,
Où glissera sur toi plus d'un baiser vermeil,
Où des fleurs pour ta couche ouvriront leurs
[corolles,
Ton oreille entendra de divines paroles.
Ecoute ! les esprits de la terre et de l'air
Commencent, pour ton rêve, un suave concert.

SONGE DE FAUST.

CHŒUR DE SYLPHES ET DE GNOMES.

Dors, heureux Faust, dors ! Bientôt, sous un voile
D'or et d'azur, tes yeux vont se fermer ;
Songes d'amour vont enfin te charmer,
Au front des cieux va briller ton étoile.

CHOEUR.

« De sites ravissants
» La campagne se couvre,
» Et notre œil y découvre
» Des prés, des bois, des champs.
» Et d'épaisses ramées,
» Où de tendres amants
» Promènent leurs pensées.
» Mais plus loin sont couverts
» Les longs rameaux des treilles
» De bourgeons, pampres verts
» Et de grappes vermeilles.
» Vois ces jeunes amants,
» Le long de la vallée,
» Oublier les instants
» Sous la fraîche feuillée. »

MÉPHISTOPHÉLÈS, avec le chœur.

Une beauté les suit
Ingénue et pensive ;
A sa paupière luit
Une larme furtive.
Faust ! elle t'aimera
    Bientôt.

FAUST, endormi.

Margarita !

LE CHŒUR

» A l'entour des montagnes
» Le lac étend ses flots,
» Dans les vertes campagnes
» Il serpente en ruisseaux.
» Là, de chants d'allégresse
» La rive retentit.
» D'autres chœurs là sans cesse
» La danse nous ravit.
» Les uns gaîment s'avancent
» Autour des coteaux verts.
» De plus hardis s'élancent
» Au sein des flots amers.
» Partout l'oiseau timide,
» Cherchant l'ombre et le frais,
» S'enfuit d'un vol rapide
» Au milieu des marais.
» Tous, pour goûter la vie,
» Tous cherchent dans les cieux
» Une étoile chérie
» Qui s'alluma pour eux. »
Dors, dors !

FAUST, endormi

Margarita !

CHŒUR.

C'est elle
Qu'Amour te destina. Regarde ! qu'elle est belle !

MÉPHISTOPHÉLÈS.

Le charme opère, il est à nous!
C'est bien, jeunes esprits, je suis content de vous.

. . . .

Bercez, bercez son sommeil enchanté.

Ballet des Sylphes.

Les esprits de l'air se balancent quelque temps en silence autou
de Faust endormi et disparaissent peu à peu.)

FAUST, s'éveillant.

Quelle céleste image! Oh! qu'ai-je vu! Quel ange
        Au front mortel!
    Où le trouver! Vers quel autel
    Traîner à ses pieds ma louange?...
MÉPHISTOPHÉLÈS.
    Eh bien, il faut me suivre encor
    Jusqu'à cette alcôve embaumée
    Où repose ta bien-aimée.
    A toi seul ce divin trésor!
Des étudiants voici la joyeuse cohorte
    Qui va passer devant sa porte ;
Parmi ces jeunes fous, au bruit de leurs chansons,
    Vers ta beauté nous parviendrons.
Mais contiens tes transports et suis bien mes leçons.

SCÈNE VIII.

CHŒUR D'ÉTUDIANTS ET DE SOLDATS.
Marchant vers la ville.

LES SOLDATS.

> Villes entourées
» De murs et remparts,
» Fillettes parées,
» Aux malins regards.
» Victoire certaine
» Près de vous m'attend :
» Si grande est la peine,
» Le prix est plus grand.
» Au son des trompettes,
» Les braves soldats
» S'élancent aux fêtes,
» Ou bien aux combats ;
» Fillettes et villes
» Font les difficiles ;
» Bientôt tout se rend.
» Si grande est la peine, le prix est plus grand. »

LES ÉTUDIANTS.

(1) *Jam nox stellata velamina pandit : nunc biben-*

---

(1) Déjà la nuit étend ses voiles étoilés ; c'est l'heure de boire et d'aimer. La vie est courte et le plaisir fugitif ! Réjouissons-nous donc, réjouissons-nous ! Pendant que la lune nous sourit, allons

dum et amandum est! Vita brevis fugaxque voluptas. Gaudeamus igitur, gaudeamus!...

Nobis subridente luna, per urbem quærentes puellas eamus! ut cras, fortunati Cæsares, dicamus : Veni, vidi, vici! Gaudeamus igitur, gaudeamus!

LES DEUX CHŒURS ENSEMBLE.

LES SOLDATS.

Villes entourées, etc.

FAUST, MÉPHISTOPHÉLÈS ET LES ÉTUDIANTS.

Jam nox stellata, etc.

---

par la ville cherchant les jeunes filles, pour que demain, heureux Césars, nous disions : Je suis venu, j'ai vu, j'ai vaincu! Réjouissons-nous donc, réjouissons-nous!

TROISIÈME PARTIE

SCÈNE IX.

(Des tambours et des trompettes sonnent au loin la retraite .

FAUST, le soir, dans la chambre de Marguerite.

Merci, doux crépuscule! Oh! sois le bien venu!
Éclaire enfin ces lieux, sanctuaire inconnu,
Où je sens à mon front glisser comme un beau rêve,
Comme le frais baiser d'un matin qui se lève.
C'est de l'amour, j'espère... Oh! comme on sent ici
  S'envoler le souci!
Que j'aime ce silence, et comme je respire
  Un air pur!... O Seigneur,
  Après ce long martyre,
   Que de bonheur!
  O jeune fille! ô ma charmante!
  O ma trop idéale amante!
Quel sentiment j'éprouve en ce moment fatal!
Que j'aime à contempler ton chevet virginal!

Quel air pur je respire !
Seigneur ! Seigneur !
Après ce long martyre,
Que de bonheur !

(Faust, marchant lentement, examine avec une curiosité passionnée
l'intérieur de la chambre de Marguerite.)

SCÈNE X.

MÉPHISTOPHÉLÈS, FAUST.

MÉPHISTOPHÉLÈS, accourant.

La voici, je l'entends! Sous ces rideaux de soie
Cache-toi.

FAUST.

Dieu! mon cœur se brise dans la joie!

MÉPHISTOPHÉLÈS.

Profite des instants. Adieu, modère-toi,
    Ou tu la perds.
               (Il cache Faust sous le rideau.)
       Bien. Mes follets et moi
Nous allons vous chanter un bel épithalame.
                   (Il sort.)

FAUST.

Oh! calme-toi, mon âme.

SCÈNE XI.

MARGUERITE, FAUST caché.

MARGUERITE, entrant, une lampe à la main

Que l'air est étouffant !
J'ai peur comme un enfant :
C'est mon rêve d'hier qui m'a toute troublée...
En songe je l'ai vu... lui... mon futur amant.
Qu'il était beau ! Dieu ! j'étais tant aimée !
Et combien je l'aimais !
Nous verrons-nous jamais
Dans cette vie?..
Folie !...

(Elle chante en tressant ses cheveux

LE ROI DE THULÉ,

Chanson gothique.

PREMIER COUPLET.

« Autrefois un roi de Thulé.
« Qui jusqu'au tombeau fut fidèle.
» Reçut, à la mort de sa belle.
« Une coupe d'or ciselé.
« Comme elle ne le quittait guère.
« Dans les festins les plus joyeux.
« Toujours une larme légère
» A sa vue humectait ses yeux.

DEUXIÈME COUPLET.

» Ce prince, à la fin de sa vie,
» Lègue ses villes et son or,
» Excepté la coupe chérie...
» Qu'à la main il conserve encor.
» Il fait, à sa table royale,
» Asseoir ses barons et ses pairs,
» Au milieu de l'antique salle
» D'un château que baignaient les mers.

TROISIÈME COUPLET.

» Le buveur se leve et s'avance
» Auprès d'un vieux balcon doré :
» Il boit, et soudain sa main lance
» Dans les flots le vase sacré.
» Le vase tombe ; l'eau bouillonne,
» Puis se calme aussitôt après.
» Le vieillard pâlit et frissonne :
» Il ne boira plus désormais. »

. . . .

« Autrefois un roi... de Thulé...
» Jusqu'au tombeau... fut fidèle »...
Profond soupir., Ah!. .

SCÈNE XII.

(Une place de la maison de Marguerite)

MÉPHISTOPHÉLÈS ET FOLLETS.

Évocation.

MÉPHISTOPHÉLÈS.

Esprits des flammes inconstantes,
Accourez ! j'ai besoin de vous.

Follets capricieux. vos lueurs malfaisantes
Vont charmer une enfant et l'amener à nous.

Au nom du diable, en danse !
Et vous, marquez bien la cadence,
Ménétriers d'enfers, ou je vous éteins tous.

(Les follets exécutent des évolutions et des danses bizarres autour
de la maison de Marguerite.)

Ballet.

ORCHESTRE SEUL. . . . .
. . . .
. . . .
. . . .

MÉPHISTOPHÉLÈS, faisant le geste d'un homme qui joue de la
vielle.

                              Maintenant,
Chantons à cette belle une chanson morale,
    Pour la perdre plus sûrement.

SÉRÉNADE DE MÉPHISTOPHÉLÈS,

AVEC CHŒUR DE FOLLETS.

MÉPHISTOPHÉLÈS.

« Devant la maison
« De celui qui t'adore,
» Petite Louison,
» Que fais-tu dès l'aurore ?
» Au signal du plaisir,
» Dans la chambre du drille
» Tu peux bien entrer fille,
» Mais non fille en sortir.

« Il te tend les bras :
« Près de lui tu cours vite.
» Bonne nuit, hélas !
» Bonne nuit, ma petite.

» Près du moment fatal
» Fais grande résistance.
» S'il ne t'offre d'avance
» Un anneau conjugal.

CHŒUR.

» Il te tend le bras, etc. »

MÉPHISTOPHÉLÈS.

Chut ! chut ! disparaissez !... silence !...

(Les follets s'abîment.)

Allons voir roucouler nos tourtereaux.

SCENE XIII.

(Chambre de Marguerite.)

FAUST ET MARGUERITE

MARGUERITE, apercevant Faust.

Grands dieux !
Que vois-je! est-ce bien lui? dois-je en croire mes
[yeux ?...

FAUST

Ange adoré, dont la céleste image
Avant de te connaître illuminait mon cœur,
Enfin je t'aperçois, et du jaloux nuage
Qui te cachait encor mon amour est vainqueur.
Marguerite, je t'aime !

MARGUERITE.

Tu sais mon nom ? Moi-même
J'ai souvent dit le tien :
Faust !...

FAUST.

Ce nom est le mien ;
Un autre le sera, s'il te plaît davantage.

MARGUERITE.

En songe je t'ai vu tel que je te revois.

FAUST.

En songe tu m'as vu !...

MARGUERITE.

Je reconnais la voix.
Les traits, tou, deux ensemble.

FAUST.

Et tu m'aimais?

MARGUERITE.

Je... t'attendais.

FAUST.

Marguerite adorée !

MARGUERITE

Ma tendresse inspirée
Etait d'avance à toi.

FAUST.

Marguerite est à moi.

MARGUERITE.

Mon bien-aimé, ta noble et douce image
Avant de te connaître illuminait mon cœur !
Enfin je t'aperçois, et du jaloux nuage
Qui te cachait encor ton amour est vainqueur.

FAUST.

Ange adoré, etc.

FAUST.

Marguerite! ô tendresse !
Cède à l'ardente ivresse
Qui vers toi m'a conduit.

MARGUERITE.

Je ne sais quelle ivresse,
Brûlante, enchanteresse,
Dans ses bras me conduit.

MARGUERITE.

Quelle langueur s'empare de mon être !...

FAUST.

Au vrai bonheur dans mes bras tu vas naître,
Viens...

MARGUERITE.

Dans mes yeux des pleurs...
Tout s'efface... Je meurs...

SCÈNE XIV.

FAUST, MARGUERITE, MÉPHISTOPHÉLÈS.

MÉPHISTOPHÉLÈS, *entrant brusquement*
Allons, il est trop tard !

MARGUERITE.
Quel est cet homme ?

FAUST.
Un sot.

MÉPHISTOPHÉLÈS.
Un ami.

MARGUERITE.
Son regard
Me déchire le cœur.

MÉPHISTOPHÉLÈS.
Sans doute je dérange...

FAUST.
Qui t'a permis d'entrer ?

MÉPHISTOPHÉLÈS.
Il faut sauver cet ange !
Déjà tous les voisins, éveillés par nos chants,

Accourent, désignant la maison aux passants;
En raillant Marguerite, ils appellent sa mère.
La vieille va venir...

FAUST.

Que faire?

MÉPHISTOPHÉLÈS.

Il faut partir.

FAUST.

Damnation !

MÉPHISTOPHÉLÈS.

Vous vous verrez demain; la consolation
Est bien près de la peine.

MARGUERITE.

Oui, demain, bien-aimé. Dans la chambre prochaine
Déjà j'entends du bruit.

FAUST.

Adieu donc, belle nuit
A peine commencée! Adieu, festin d'amour
Que je m'étais promis!

MÉPHISTOPHÉLÈS.

Partons, voilà le jour!

FAUST.

Te reverrai-je encor, heure trop fugitive,
Où mon âme au bonheur allait bientôt s'ouvrir?

MÉPHISTOPHÉLÈS

La foule arrive :
Hâtons-nous de partir!

CHŒUR DE VOISINS ET DE VOISINES DANS LA RUE.

Holà! mère Oppenheim, vois ce que fait ta fille!
L'avis n'est pas hors de saison :
Un galant est dans ta maison,
Et tu verras dans peu s'accroître ta famille.

MARGUERITE.

Ciel! entends-tu ces cris? Devant Dieu, je suis morte
Si l'on te trouve ici!

MÉPHISTOPHÉLÈS.

Viens! on frappe à la porte!

FAUST.

O fureur!

MÉPHISTOPHÉLÈS.

O sottise!

MARGUERITE.

Adieu. Par le jardin
Vous pouvez échapper.

FAUST.

O mon ange! à demain!

MÉPHISTOPHÉLÈS.

A demain! à demain!

FAUST.

Je connais donc enfin tout le prix de la vie.
Le bonheur m'apparaît et je vais le saisir.
L'amour s'est emparé de mon âme ravie.
Il comblera bientôt mon dévorant désir.

MARGUERITE.

O mon Faust bien-aimé, je te donne ma vie!
Pourrai-je te charmer au gré de mon désir?...
L'amour s'est emparé de mon âme ravie.
Il m'entraîne vers toi : te perdre, c'est mourir.

MÉPHISTOPHÉLÈS

Je puis donc à mon gré te traîner dans la vie,
Fier esprit! sans combler ton dévorant désir.
L'amour en t'enivrant doublera ta folie,
Et le moment approche où je vais te saisir.

FAUST
Je connais donc enfin, etc.

MARGUERITE.
O mon Faust bien-aimé, etc.

MÉPHISTOPHÉLÈS.
Je puis donc à mon gré, etc.

CHŒUR AU DEHORS.

Holà! etc.. etc.

QUATRIÈME PARTIE

SCÈNE XV.

(Chambre de Marguerite.)

MARGUERITE, seule.

I

« D'amour l'ardente flamme
» Consume mes beaux jours.
» Ah ! la paix de mon âme
» A donc fui pour toujours !

II

» Son départ, son absence,
» Sont pour moi le cercueil,
» Et loin de sa présence
» Tout me paraît en deuil.

III

» Alors ma pauvre tête
» Se dérange bientôt ;
» Mon faible cœur s'arrête,
» Puis se glace aussitôt.

5.

IV

» Sa marche que j'admire.
» Son port si gracieux,
» Sa bouche au doux sourire,
» Le charme de ses yeux.

V

» Sa voix enchanteresse
» Dont il sait m'embraser,
De sa main la caresse,
» Hélas ! et son baiser.

VI

D'une amoureuse flamme
Consument mes beaux jours.
» Ah ! la paix de mon âme
» A donc lui pour toujours !

VII

» Je suis à ma fenêtre
» Ou dehors tout le jour ;
» C'est pour le voir paraître
Ou hâter son retour.

VIII

Mon cœur bat et se presse
» Dès qu'il le sent venir ;
Au gré de ma tendresse
Puis-je le retenir !

IX

» O caresses de flamme!
» Que je voudrais un jour
» Voir s'exhaler mon âme
» Dans ses baisers d'amour! »

*Tambours et trompettes sonnant la retraite. — Chœur de soldats et
d'étudiants qui se font entendre dans le lointain.*

CHŒUR.

« Villes entourées
» De murs et remparts,
» Fillettes parées,
» Aux malins regards.
» Victoire certaine
» Près de vous m'attend!
» Si grande est la peine,
» Le prix est plus grand. »

MARGUERITE.

Bientôt la ville entière au repos va se rendre ;
Clairons, tambours du soir déjà se font entendre.
Avec des chants joyeux,
Comme au soir où l'amour offrit Faust à mes yeux.

CHŒUR

Jam nox stellata velamina pandit.
Per urbem quærentes puellas eamus.

MARGUERITE.

Il ne vient pas!
Hélas!

SCÈNE XVI.

Invocation à la Nature.

FAUST seul.

Nature immense, impénétrable et fière,
Toi seule donnes trêve à mon ennui sans fin :
Sur ton sein tout-puissant je sens moins ma misère ;
Je retrouve ma force, et je crois vivre enfin.
Oui, soufflez, ouragans ! criez, forêts profondes !
Croulez, rochers ! Torrents, précipitez vos ondes !
A vos bruits souverains ma voix aime à s'unir.
Forêts, rochers, torrents, je vous adore ! Mondes
Qui scintillez, vers vous s'élance le désir
D'un cœur trop vaste et d'une âme altérée
D'un bonheur qui la fuit.

SCÈNE XVII.

MÉPHISTOPHÉLÈS *gravissant les rochers.*

                    A la voûte azurée
Aperçois-tu, dis-moi, l'astre d'amour constant ?
Son influence, ami, serait fort nécessaire :
Car tu rêves ici, quand cette pauvre enfant,
Marguerite...

FAUST.

Tais-toi !

MÉPHISTOPHÉLÈS.

              Sans doute il faut me taire
Tu n'aimes plus ! Pourtant en un cachot traînée,
Et pour un parricide à la mort condamnée...

FAUST.

Quoi !

MÉPHISTOPHÉLÈS.

J'entends des chasseurs qui parcourent les bois.

FAUST.

Achève, qu'as-tu dit ? Marguerite en prison ?...

MÉPHISTOPHÉLÈS.

Certaine liqueur brune, un innocent poison,
Qu'elle tenait de toi, pour endormir sa mère

Pendant vos nocturnes amours,
A causé tout le mal. Caressant sa chimère,
T'attendant chaque soir, elle en usait toujours.
Elle en a tant usé, que la vieille en est morte.
Tu comprends maintenant?

FAUST.

Feux et tonnerre!

MÉPHISTOPHÉLÈS.

En sorte
Que son amour pour toi la conduit...

FAUST.

Sauve-la.

Sauve-la, misérable!

MÉPHISTOPHÉLÈS.

Ah! je suis le coupable!
On vous reconnaît là,
Ridicules humains! N'importe!
Je suis le maître encor de t'ouvrir cette porte;
Mais qu'as-tu fait pour moi
Depuis que je te sers?

FAUST.

Qu'exiges-tu?

MÉPHISTOPHÉLÈS.

De toi?
Rien qu'une signature
Sur ce vieux parchemin.

Je sauve Marguerite à l'instant, si tu jures
Et signes ton serment de me servir demain.

FAUST.

Eh ! que me fait *demain*, quand je souffre à cette
[heure ?
Donne. *Il signe.* Voilà mon nom. Vers sa sombre
[demeure
Volons donc maintenant. O douleur insensée !
Marguerite, j'accours !

MÉPHISTOPHÉLÈS.

A moi, Vortex ! Giaour !
Sur ces deux noirs chevaux, prompts comme la
[pensée,
Montons, et au galop... La justice est pressée.
Ils partent.

SCÈNE XVIII.

La course à l'abîme.

Plaines, montagnes et vallées.)

FAUST et MÉPHISTOPHÉLÈS, galopant sur deux chevaux noirs

FAUST.

Dans mon cœur retentit sa voix désespérée...
. . . .
. . . .
O pauvre abandonnée!

CHŒUR DE PAYSANS.
(Agenouillés devant une croix champêtre.)

Sancta Maria, ora pro nobis,
Sancta Magdalena, ora pro nobis.

FAUST.

Prends garde à ces enfants, à ces femmes priant
Au pied de cette croix.

MÉPHISTOPHÉLÈS.

Eh qu'importe! en avant!

CHŒUR.

Sancta Margarita, ora pro... — Ah!!!

(cris d'effroi. Le chœur se disperse en tumulte. Les cavaliers
passent.)

. . . .

. . . .

FAUST.

Dieux ! un monstre hideux en hurlant nous poursui-

MÉPHISTOPHÉLÈS.

Tu rêves !

FAUST.

Quel essaim de grands oiseaux de nuit !
Quels cris affreux !... ils me frappent de l'aile !...

MÉPHISTOPHÉLÈS, retenant son cheval.

Le glas des trépassés sonne déjà pour elle.
As-tu peur ? Retournons.

(Ils s'arrêtent.)

FAUST.

Non, je l'entends. Courons !

(Les chevaux redoublent de vitesse.)

ORCHESTRE
SEUL

. . . .
. . . .
. . . .
. . . .

MÉPHISTOPHÉLÈS, excitant son cheval.

Hop ! hop ! hop !

FAUST.

Regarde, autour de nous, cette ligne infinie
De squelettes dansant.
Avec quel rire horrible ils nous saluent !

MÉPHISTOPHÉLÈS, animant les chevaux.

Enfant !
Hop ! hop !... pense à sauver sa vie.
Hop ! et ris-toi des morts.

ORCHESTRE SEUL.

FAUST, de plus en plus épouvanté, et haletant.

Nos chevaux frémissent,
Leurs crins se hérissent,
Ils brisent leur mors !
Je vois onduler
Devant nous la terre ;
J'entends le tonnerre
Sous nos pieds rouler !
Il pleut du sang ! ! !

MÉPHISTOPHÉLÈS, d'une voix tonnante

Cohortes infernales!
Sonnez vos trompes triomphales!
Il est à nous!

FAUST.

Horreur!

MÉPHISTOPHÉLÈS.

Je suis vainqueur!

(Ils tombent dans un gouffre.)

SCÈNE XIX et dernière.

(L'Enfer. — Faust est livré aux flammes.)

PANDÆMONIUM.

CHŒUR DE DÉMONS ET DAMNÉS.

(1) *Has! Irimiru Karabrao!*

LES PRINCES DES TÉNÈBRES A MÉPHISTOPHÉLÈS.

De cette âme si fière.
A jamais es-tu maître et vainqueur, Méphisto?

MÉPHISTOPHÉLÈS

J'en suis maître à jamais.

LES PRINCES.

Faust a donc librement
Signé l'acte fatal qui le livre à la flamme?

MÉPHISTOPHÉLÈS.

Il signa librement.

Orgie infernale. Triomphe de Méphistophélès.

---

(1) Cette langue est celle que Swedenborg appelait la langue infernale, et qu'il croyait en usage parmi les démons et les damnés.

CHŒUR.

Tradioun marexil Trudinxé burrudixe.
Fory my dinkorlits Hor meak omévixe !
      Uraraïké !
      Muraraïké !
Diff ! Diff ! mérondor mit aysko !
Has ! Has ! Satan, Belphégor, Mephisto,
Has ! Has ! Kröix, Astaroth, Belzébuth.
Sat rayk irkimour.

ÉPILOGUE

(SUR LA TERRE.)

QUELQUES VOIX.

Alors l'enfer se tut.
L'affreux bouillonnement de ses grands lacs de
[flammes,
Les grincements de dents de ses tourmenteurs
[d'âmes,
Se firent seuls entendre ; et, dans ses profondeurs,
Un mystère d'horreur s'accomplit.

CHŒUR.

O terreurs!...

(DANS LE CIEL.)

SÉRAPHINS INCLINÉS DEVANT LE TRÈS-HAUT,

Laus!... Hosanna!
Elle a beaucoup aimé, Seigneur!...
silence... Murmure harmonieux

UNE VOIX DANS LES HAUTEURS DES CIEUX.

Margarita!!!...

CHŒUR D'ANGES.

Apothéose de Marguerite.

Remonte au ciel, âme naïve
   Que l'amour égara ;
  Viens revêtir ta beauté primitive
  Qu'une erreur altéra.
   Viens, les vierges divines,
   Tes sœurs les Séraphines,
   Sauront tarir les pleurs
Que t'arrachent encor les terrestres douleurs.
L'Éternel te pardonne, et sa vaste clémence
Un jour sur Faust aussi peut-être s'étendra.
   Conserve l'espérance
Et souris au bonheur. Viens, viens, Margarita !

FIN

TABLE.

4ᵐᵉ PARTIE.

IMPRIMERIE CENTRALE DES CHEMINS DE FER. — A. CHAIX ET Cⁱᵉ
RUE BERGÈRE, 20, A PARIS. — 7214-7

BERLIOZ

(ŒUVRES QUI SE TROUVENT CHEZ LE MÊME ÉDITEUR)

MUSIQUE DE CHANT.

Lelio ou le Retour à la vie, op. 14, mono-drame lyrique avec orchestre, chœur et solis invisibles; texte français et allemand, transcrit pour le piano par Camille Saint-Saëns.
   Partition, chant et piano.........net
   Grande partition orchestre...

L'enfance du Christ, op. 25. Trilogie sacrée. texte français et allemand. Première partie, *Songe d'Hérode*. Deuxième partie, *Fuite en Égypte*. Troisième partie, *L'arrivée à Sais*. Transcription pour le piano, par A. Morceaux et Th. Ritter.
   Grande partition.........net 80
   Partition, chant et piano, in-8°.........18

Collection de 33 mélodies pour une ou plusieurs voix et chœur.
   Partition in-8°.........net 15
   Quelques morceaux sont avec double texte, français et anglais, et français et allemand.

MUSIQUE D'ORCHESTRE.

Ouverture de *Waverley*, publiée en grande partition et parties séparées.
   La même réduite pour piano à 4 mains.

Ouverture des *Francs-Juges*, publiée en grande partition et parties séparées.
   La même, réduite pour piano à 2 mains.
     —   à 4 mains.

Ouverture du *Roi Lear*, publiée en grande partition et parties séparées.
   La même, réduite pour piano à 4 mains.

Ouverture du *Corsaire*, publiée en grande partition et parties séparées.
   La même, réduite pour piano à 4 mains.

Chœurs et Mélodies publiés en GRANDE PARTITION avec les parties séparées de chœur et d'orchestre et avec accompagnement de piano:
   La belle Voyageuse, le *Chant sacré*, le *Cinq mai*, l'*Absence*, *Sara la Baigneuse*, *Plaisir d'amour*, la *Captive*, le *Jeune Pâtre breton*, *Tristia*, *Mort d'Ophélie*, *Menace des Francs*, *Hymne à la France*.

MUSIQUE DE VIOLON.

Rêverie et caprice, romance pour violon avec accompagnement d'orchestre ou de piano.
   Partition, orchestre et violon.........7 50
   Violon et piano.........7 50
   Complet.........15

IMPRIMERIE CENTRALE DES CHEMINS DE FER. — A. CHAIX ET Cie, RUE BERGÈRE, 20, À PARIS. — 5516-7.